Où la femelle crocodile pond-elle ses œufs ?

 dans un trou qu'elle recouvre de terre ou de sable

sur un lit de feuilles et de branchages

dans l'eau

Comment peut-on distinguer un crocodile

 le cro... arron...

il a le museau plus allongé et les 2 grandes dents situées à l'avant de sa mâchoire sont visibles quand sa gueule est fermée

il n'y a pas de différence

Quelle substance produit la mygale pour tapisser son terrier ?

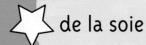 de la soie

du velours

du cuir

**La mygale possède 2 crochets avec lesquels elle injecte un venin.
Où se situent ces crochets ?**

à l'extrémité de
ses 2 pattes
antérieures

sur son ventre

à l'extrémité de
sa langue

Le crotale, comme tous les autres serpents, mue. Qu'est-ce que cela signifie ?

 qu'il perd sa peau et qu'une nouvelle peau repousse

 que de nouvelles dents poussent

 qu'il s'isole du groupe avant de mourir

Le serpent à sonnette produit un son particulier destiné à :

 attirer des proies éventuelles

 charmer les femelles

 dissuader un éventuel ennemi de s'approcher

Pourquoi cet insecte s'appelle-t-il la mante religieuse ?

⭐ car quand la mante a ses pattes repliées devant sa tête, elle fait penser à une religieuse en prière

⭐ car elle vit isolée comme certains religieux reclus dans leur monastère

⭐ car elle aime le sucre, d'où la référence au gâteau « la religieuse »

😊 *car elle va tous les dimanches à la messe*

Que fait la mante religieuse femelle après l'accouplement ?

⭐ elle dort pendant plusieurs jours d'affilée

⭐ elle reste aux côtés du mâle pendant plusieurs jours

⭐ elle dévore souvent le mâle

Que signifie le nom « orang-outan » en malais ?

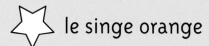 le singe orange

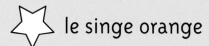 l'homme des bois

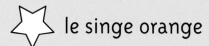 le singe aux longs bras

Où vit l'orang-outan ?

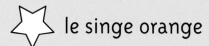 dans les îles de Bornéo et Sumatra

 au Kenya et en Tanzanie

 en Afrique du Sud

?

Où vit le gorille la plupart du temps ?

⭐ dans l'eau   ⭐ dans les arbres   ⭐ sur le sol

Que fait un gorille, lorsqu'il est dérangé, pour impressionner l'adversaire ?

⭐ il hurle tout en se frappant la poitrine avec ses mains

⭐ il fait des culbutes

⭐ il se met sur la pointe des pieds, les bras en l'air

☺ *il crie de vulgaires injures*

Quelle est la particularité des caméléons ?

 ils peuvent atteindre 2 fois leur taille pour effrayer leurs ennemis

 ils peuvent changer la couleur de leur peau pour se fondre dans l'environnement

 ils peuvent faire des bonds de plus de 3 mètres de haut

Comment capturent-ils leurs proies ?

 en projetant leur longue langue visqueuse

 en sautant dessus

 en les assommant avec leur queue

Le boa est un serpent :

 venimeux

 non venimeux, il tue ses proies en s'enroulant autour

 non venimeux, il tue ses proies en les mordant

Le boa possède :

 uniquement un palais, il n'a pas de langue

 une langue dont l'extrémité est divisée en deux

 une langue dont l'extrémité est divisée en trois

Le boa est-il un bon chasseur ?

 non, il n'est pas un bon chasseur mais peut rester plusieurs semaines sans manger

 non, il n'est pas un bon chasseur et meurt de faim s'il ne mange pas tous les jours

 oui, il est un très bon chasseur et mange donc tous les jours

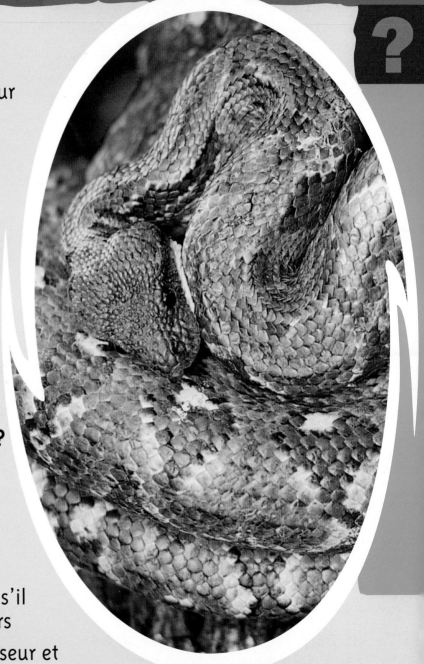

**Les œufs des toucans
sont couvés :**

⭐ uniquement par
la mère

⭐ uniquement par
le père

⭐ par les 2 parents

Le bec du toucan est :

⭐ solide et léger

⭐ solide et très lourd

⭐ fragile et léger

Le toucan niche :

⭐ à terre

⭐ dans des trous d'arbres

⭐ au sommet des plus hauts arbres

Pourquoi, dans les zoos, place-t-on souvent les chimpanzés sur une petite île ?

⭐ parce qu'ils adorent l'eau et y font des pirouettes, ce qui amuse beaucoup les visiteurs

⭐ pour qu'ils puissent pêcher les poissons qui nagent dans l'eau

⭐ parce qu'ils ne savent pas nager et ne peuvent donc pas s'échapper

🙂 *parce qu'ils n'ont pas d'argent pour prendre le bateau et ne peuvent donc pas rejoindre la rive*

Combien de temps le bébé chimpanzé reste-t-il dans le ventre de sa maman ?

⭐ 9 mois comme chez les humains

⭐ 3 mois

⭐ à peine 1 mois

Quand le tamanoir trouve un nid de fourmis, il le casse d'abord à l'aide de ses grosses pattes. Que fait-il ensuite ?

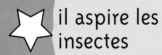 il aspire les insectes

 il les assomme avec son long museau puis les mange

 il plonge sa longue langue gluante dans les galeries

Pourquoi ne détruit-il pas complètement le nid ?

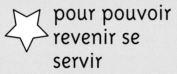 pour pouvoir revenir se servir

 pour laisser quelques fourmis à un autre tamanoir

 parce qu'il est trop paresseux

Le tigre est :

 le seul félin qui voit en couleurs

 le seul félin à voir en noir et blanc

 le félin le plus répandu

Où peut-on trouver des tigres ?

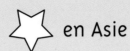 en Afrique

 en Asie

 en Europe

Cet animal s'appelle :

⭐ le fainéant

⭐ le déprimé

⭐ le paresseux

Il est, parmi les mammifères :

⭐ le plus lent

⭐ le plus intelligent

⭐ le plus agile

À quel grand groupe appartient l'iguane ? Au groupe des :

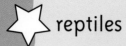 reptiles

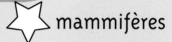 mammifères

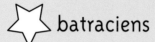 batraciens

Pourquoi les lézards s'exposent-ils au soleil ?

⭐ pour durcir leur peau

⭐ pour se réchauffer

⭐ pour en capter l'énergie

😊 *pour avoir un teint plus bronzé*

Comment s'appelle la célèbre panthère noire du *Livre de la jungle* ?

 Baloo

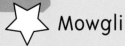 Mowgli

 Bagheera

Le pelage de la panthère noire est :

 en fait, légèrement tacheté

 en fait, légèrement rayé

 complètement uniforme

Sur quelle île trouve-t-on ce type de primate ?

☆ Madagascar

☆ Malte

☆ Cuba

Comment s'appelle cet animal ?

☆ le tuki maka

☆ le maki catta

☆ le taka muki

?

Que mange le grand panda ?

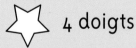 des pousses de bambou

des feuilles de menthe

des feuilles d'eucalyptus

Combien de doigts possède le grand panda à chaque patte avant ?

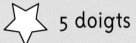 4 doigts

5 doigts

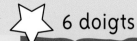 6 doigts

Comment le python tue-t-il ses proies ?

 en crachant du venin

 en s'enroulant autour d'elles et en resserrant ses anneaux pour les étouffer

 en projetant sa langue venimeuse sur elles

Que font certains pythons après avoir pondu leurs œufs ?

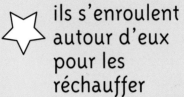 ils s'enroulent autour d'eux pour les réchauffer

ils les abandonnent à leur sort

 ils creusent un trou et les enfouissent dans la terre

Où la femelle tortue pond-elle ses œufs ?

 sur un lit de brindilles

 dans le terrier d'un autre animal

 dans un trou qu'elle recouvre de terre

😊 *au service maternité de l'hôpital le plus proche*

Jusqu'à quel âge peut vivre une tortue ?

 plus de 150 ans

 plus de 200 ans

 plus de 250 ans

Le tapir appartient à la famille des ongulés (dont les doigts sont terminés par des sabots), tout comme :

⭐ l'ours

⭐ le cheval

⭐ le castor

Quel régime alimentaire a le tapir ?

⭐ omnivore

⭐ carnivore

⭐ végétarien

?

Sur quel continent trouve-t-on ce singe appelé gibbon ?

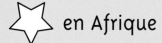 en Afrique

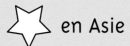 en Asie

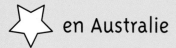 en Australie

Le gibbon :

possède une toute petite queue

possède une longue queue

n'a pas de queue

Le pangolin est le seul mammifère :

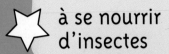 à se nourrir d'insectes

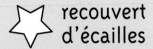 recouvert d'écailles

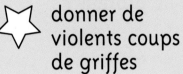 à avoir une aussi longue queue

Pour se défendre, le pangolin se roule en boule, mais il peut aussi :

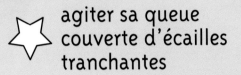 agiter sa queue couverte d'écailles tranchantes

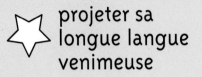 projeter sa longue langue venimeuse

donner de violents coups de griffes

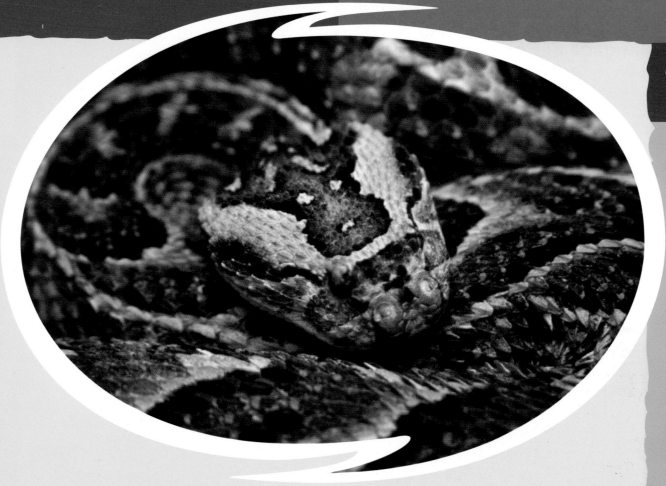

La vipère est un serpent :

 venimeux

 non venimeux

 rarement venimeux (seules quelques espèces le sont)

La vipère peut-elle être dangereuse pour l'homme ?

 non, jamais

 oui, sa morsure peut être mortelle pour l'homme

 oui, mais sa morsure est mortelle pour les enfants uniquement

Que signifie le nom "koala" dans le langage des Aborigènes d'Australie ?

⭐ l'animal qui ne boit pas

⭐ l'ours en peluche

⭐ l'ours qui n'arrête pas de manger

Que mange le koala ?

⭐ des insectes

⭐ des feuilles d'eucalyptus

⭐ le nectar des fleurs

?